高頻度取引と市場間競争

東 和志

三菱経済研究所

はじめに

　本書では高頻度取引と Fragmentation（市場分断）に関するサーベイと筆者自身の研究の紹介を行う．

　高頻度取引とは，アルゴリズムによって，人間の手では処理できない速さで取引を行う証券取引の一種である．近年フラッシュクラッシュと呼ばれる価格の乱高下や，高頻度取引に勝つための過度な投資が社会経済の不安定性，非効率性を増大させているとして，問題視されている．一方，市場分断とは複数の市場が存在することにより，取引需要が分散される現象である．取引所間の競争が市場の質を上げるのか，それともコストを上げるのか，理論・実証双方から研究が行われてきた．高頻度取引による裁定取引の代表的なものとして，複数市場間の裁定取引（先物現物間や，複数上場株など）があり，市場間競争下の高頻度取引は現代における重要な問題といえる．本書では，高頻度取引下での市場間競争を理論・実証両方から分析した．前半部（第一章，第二章）ではいくつかの先行研究を紹介し，後半部では筆者の研究を解説する．本書の概要は以下の通りである．

第一章　マーケットマイクロストラクチャーと高頻度取引

　まず第一章では，経済学の一分野であるマーケットマイクロストラクチャーにおける代表的なモデルである Glosten, Milgrom（1985）モデルおよび，その拡張である Budish, Cramton, Shim（2015）モデルを，高頻度取引モデルの問題点と共に解説する．Glosten, Milgrom モデルでは情報の非対称性が取引コストであるビッドアスクスプレッドに反映される．Budish, Cramton, Shim モデルでは，Glosten-Milgrom モデルの情報の非対称性を，公的な情報が更新されるか否かのラグで置き換えて，ビッドアスクスプレッドの存在を示している．これは，高頻度

取引業者が早く公的な情報に触れられることに起因する．高頻度取引業者による取引は，軍拡競争のように激しくなっており，その設備投資が，社会において大きな損失となっていることを説明する．

第二章　高頻度取引下の市場分断

　高頻度取引とは別の大きな問題として，市場間競争の苛烈化がある．取引所間の競争が社会にとって，好ましいのかは俄かに分からない．特にアメリカでは私設取引所を含めて，50社以上の取引所が存在し，市場分断が深刻化している．取引所間競争は，取引コストを削減する一方で，流動性を分断し，コストを上げる要因でもある．第二章では，市場分断の先行研究を簡単に紹介した後，第一章のサーベイを下に，高頻度取引下の市場分断のモデルおよび実証分析を行う．Budish, Cramton, Shim モデルをベースにしたモデルの拡張を行う．取引所の数を複数社に増やし，高頻度取引下の取引所間競争を定式化し，取引所間競争の定式化を行う．取引所の数と，ビッドアスクスプレッドの関係を理論的に解析した後，システムダウンに注目した実証分析を行う．実証分析の結果は，システムダウン時にスプレッドが上昇する，つまり，取引所間の競争は取引コストの観点から望ましいことが分かった．しかしながら，高頻度取引にかかるコストを考えると必ずしも，取引所間の競争が社会厚生を改善する訳ではないことも分かった．

謝辞

　最後に本書を書く機会を与えてくださった松島斉先生（東京大学），三菱経済研究所の吉峯寛副理事長，滝村竜介常務理事，杉浦純一研究部長に感謝申し上げたい．また，この分野を紹介して下さった神取道宏先生（東京大学）や，実証研究の相談に乗って下さった下津克己先生（東京大学），銘柄の選定に協力いただいた日本取引所の皆様（小林高大さん，松尾啄己さん，保坂豪さん，清水公介さん），本書のベースとなった修士論文に詳細なコメントを下さった平田大祐先生（一橋大学），川上圭先生（青山学院大学），佐藤祐己先生（慶応義塾大学）にも心から感謝申し上げる．

　2019年6月

東　和志

目　次

1. マーケットマイクロストラクチャーと高頻度取引 …………… 1
   - 1.1　Glosten-Milgrom モデル ………………………………… 1
   - 1.2　Budish, Cramton, Shim (2015) による HFT のモデル化 …… 11

2. 高頻度取引下の市場分断 ……………………………………… 29
   - 2.1　市場分断の相反する既存の実証結果 …………………… 29
   - 2.2　取引所間競争のモデル …………………………………… 31
   - 2.3　摩擦がないケース ………………………………………… 34
   - 2.4　サロップ型の摩擦のケース ……………………………… 35
   - 2.5　製品差別化のあるベルトラン競争 ……………………… 38
   - 2.6　日経 225 先物の実証分析 ………………………………… 42
   - 2.7　$C_{speed} > 0$ のときの余剰分析 ………………………… 45
     - 2.7.1　摩擦がないとき ……………………………………… 46
     - 2.7.2　サロップ型の摩擦のとき …………………………… 47
     - 2.7.3　製品差別化のあるベルトラン競争 ………………… 48

3. 終わりに ………………………………………………………… 51

参考文献 …………………………………………………………… 53

1 マーケットマイクロストラクチャーと高頻度取引

1.1 Glosten-Milgrom モデル

　本節ではマーケットマイクロストラクチャーの中で代表的なモデルの一つである，Glosten-Milgrom モデル (1985) を解説する．通常の財の市場では，商品を売る価格と買う価格は共通である．しかしながら，金融市場では，金融商品を売る価格と買う価格には差がある．なぜ金融市場においては，売値と買値に差が生じるのか，情報の経済学を使って説明したのが，Glosten-Milgrom モデルである．

　まず，証券市場を簡単に説明する．希望売値をアスクとよび，希望買値をビッドと呼ぶ．安く買って高く売りたいため，取引が行なわれる時を除いて，アスクの方がビッドより大きい．取引が行われるのは，最良アスク（一番低い希望売値）と同じか高い買い注文，最良ビッド（一番高い希望買値）と同じか低い売り注文が市場に到来したときである．そのような注文が到来したときは，市場の売り注文（供給曲線）と市場の買い注文（供給曲線）が交わっている時である．売値と買値の差をビッドアスクスプレッドと呼び，ビッドアスクスプレッドの存在を Glosten-Milgrom モデルでは，私的情報を持つ投資家の存在によって説明している[1]．

　また，注文方法には大きく分けて二つある．一つは成り行き注文（market order）という取引で，価格を指定せず，売買数量だけを指定し，買い注文（売り注文）のときは数量に対応する分だけ市場に出ている最良売値（最良買値）から処理していく取引である．もう一つは

---

[1] 在庫コストによって，説明するモデルも存在する．たとえば Ho and Stoll (1981) などがある．在庫コストモデルに代わるモデルとして，Glosten-Milgrom モデルが提案された．一括取引モデルと呼ばれる Kyle (1985) も代表的なモデルとしてよく使われる．

売買数量と価格の両方を指定する指値注文（limit order）という注文方法である．約定はザラ場の場合，自分の提示した価格で処理されるまで，指値注文は注文を記録した板に残っている．取引のマーケットメイカー制度とは，マーケットメイカーという特定の取引業者が気配値（売値と買値）を提示し，その値で取引に応じるという制度である．わが国ではマーケットメイカー制度の導入はETFや先物に留まっているが，世界取引所では現物株でも採用されている例が多い．

Glosten-Milgromモデルの概略は情報投資家（取引に参加する他の人よりも優位な情報を持っている人）の存在によって，正のビッドアスクスプレッドが存在するということである．モデルにはスペシャリスト（マーケットメイカーとして常に注文を提示している流動性供給者を想定する．），情報投資家，非情報投資家が存在している．スペシャリストが正のスプレッドを定めるのは，直感的に以下のような理由による．買い注文が入ったときに，スペシャリストはその買い注文が情報投資家によって出された注文か，非情報投資家によって出された注文かわからない．買い注文が情報投資家から出された場合，自分の知らない将来の値上がり情報をもとに出されているかもしれない．スペシャリストは情報投資家と割の合わない取引をすることによって生じ得る損失を，正のビッドアスクスプレッドを定めることによって，非情報投資家から収益を得て，埋め合わせをしようとする．これが，隠された情報（逆淘汰）によるビッドアスクスプレッドの存在の定式化である．

それではモデルの解説を行う．まずプレイヤーはスペシャリスト，投資家の2種類が存在する．前者はビッドとアスクを定めて，投資家の求めに応じて取引一回あたり一単位のみ取引を行う．投資家には情報投資家と非情報投資家が存在する．投資家は市場に一人ずつ到来し，ビッドとアスクを知った上で，一単位の買い注文もしくは売り注文を出して市場から去る，もしくは取引をしないで市場から去る．スペシャリ

ストが価格を変更できるタイミングは，取引が終わった後から，次に投資家が到来するまでの間である．投資家の注文は成り行き注文だけを考える．成り行き注文にクラスを限定することで，売買後市場から去ることが定式化され，板にスペシャリスト以外の注文が残らないことに注意する．将来の時点 T_0 において，証券の価値 V が全てのプレイヤーにとって既知になる．情報投資家はその実現値に関して，他のプレイヤーより詳細な情報[2]を持っている．時点 T_0 はどのプレイヤーにも情報優位がない時点である．

全てのプレイヤーが合理的であることを仮定しているので，取引が行われるようにするために，非情報投資家は流動性ショックに直面していると仮定する．たとえば，昇進し給料が上がるため，証券を買って貯蓄をする．また，失業して生活資金がないので，証券を売らなくてはならないなどの状況を仮定する．したがって，投資家の効用関数は

$$\rho x V + c$$

とする．ρ は投資家の現在と将来の投資に関するトレードオフのパラメーターである．$\rho = 1$ の場合，スペシャリストの効用関数である．x は何単位の証券を持っているかで，V はその証券の価値である．c は消費である．ρ が大きい場合は，投資を重視している（流動性ショックが証券の買いに傾いている）ときであり，ρ が小さい場合は消費を重視する（流動性ショックが証券の売りに傾いている）ときである．ρ に関しては市場参加者の間で十分なばらつきがあると仮定する．十分に大きいあるいは十分に小さい ρ を持つプレイヤーが市場に存在しない場合は，どうしても取引をしたいという人間がいないため，Milgrom and Stokey (1982) で示されている "No Trade Theorem" のような状態に

---

[2] 文字どおり information partition が他のプレイヤーより細かい．

なってしまう[3]．ρ は投資家の私的情報で，スペシャリストは知らない値で，V や $\underline{V}$ に関わる情報とも独立な，純粋な流動性のパラメーターである．

投資家が一人ずつランダムに市場に到来する．これは流動性ショックがランダムに生起すると解釈できる．各時点では投資家一人の最大一単位の取引に対して，スペシャリストのビッドもしくはアスクの価格で，取引が行われるか，もしくは行われない．投資家の意思決定はビッドとアスク，自身が持っている情報を所与としたときの，期待利得を最大化するように行われる．例えば，非情報投資家の場合，過去の取引価格，現在のビッドとアスクと公的な情報を所与として，売買の意思決定がなされる．情報投資家の場合，それらの情報に加えて，私的な情報を持っている．

- H_t を時点 t における公的な情報
- J_t を時点 t における私的な情報
- F_t をビッドアスクを含めた投資家の，H_t のより精緻な情報
- A をアスク，B をビッド
- Z_t を時刻 t において，売買から得られる投資家の効用，つまり，

$$Z_t \equiv \rho_t E[V \mid F_t]$$

$$= \rho_t(1-U_t)E[V \mid H_t, J_t, A, B] + \rho_t U_t E[V \mid H_t, A, B]$$

とすると（U_t は私的情報があるとき 0 を取り，そうでないときは 1 を取る．）

---

[3]"No Trade Theorem" はグルーチョ＝マルクスの定理とも呼ばれる．アメリカのコメディアンであるグルーチョ＝マルクスの名言に "I don't want to belong to any club that will accept me as a member" という言葉がある．「私（みたいな人間）を受け入れるようなクラブは（ろくでもないクラブのはずだから）所属したくない」という意味である．市場の取引に置き換えると，「相手が売りたいと言っている証券の価値は低いはずなので，買いたくない．相手が買いたいと言っている証券の価値は高いはずなので，売りたくない」，つまり取引が起こらない，という意味である．

- $Z_t > A$ なら，投資家は証券を購入し，$Z_t < B$ なら，投資家は証券を売る

したがって，スペシャリストの期待利得は

$$E[(A-V)\mathbb{1}_{Z_t>A} + (V-B)\mathbb{1}_{B>Z_t}]$$

スペシャリストはディーラー間の競争の結果，可能な限り低いアスク，高いビッドを定めている．これは，ディーラー間のサービス競争に市場支配力が存在しないことを仮定している．ゼロ利潤条件は

$$A_t = E[V \mid S_t, Z_t > A]$$

$$B_t = E[V \mid S_t, Z_t < B]$$

ただし，このような関数が存在するかは，一般には言えないので，後述の定理 1 では仮定を置く．他の定理では，

$$A_t = \inf\{a : a \geq E[V \mid H_t, Z_t > a]\}$$

$$B_t = \sup\{b : b \geq E[V \mid H_t, Z_t < b]\}$$

とする．これらをもとに，逆淘汰における正のスプレッドを証明できる．

定理 1（逆淘汰における非負のスプレッド）．
もしゼロ利潤条件

$$A_t = E[V \mid S_t, Z_t > A]$$

$$B_t = E[V \mid S_t, Z_t < B]$$

を満たすビッドとアスクの存在を仮定するならば，ビッドは証券の価値の期待値よりも小さく，アスクは証券の価値の期待値より

も大きい．

$$A_t \geq E_t[V] \geq B_t$$

強い不等式が成り立つのは

$$Pr\{Z_t > E_t[V], E_t[V \mid F_t] > E[V]\} > 0$$

$$Pr\{Z_t < E_t[V], E_t[V \mid F_t] < E[V]\} > 0$$

の条件を満たすとき（買い（売り）に来たのが情報投資家なのか，非情報投資家なのか区別がつかないという事象が起こる確率が0以上，つまり，逆淘汰が発生しているとき）である．

証明は省略するが，繰り返し期待値の法則および以下の条件付き期待値に関する性質を用いる．

- $E[X \mid X > a] \geq E[X]$ 　　（$0 < P\{X > a\} < 1$ のとき強い不等式）
- $E[X \mid X > a]$ は a に関して非減少関数
- $E[E[Y \mid X] \mid X] = E[Y]$
- $E[E[Y \mid X, Z] \mid X] = E[Y \mid X]$

k 回目の取引が終わった後の，約定価格は T_k を k 回目の取引があった時間とすると，

$$p_k = A_{T_k} \mathbb{1}_{Z_{T_k} > A_{T_k}} + B_{T_k} \mathbb{1}_{Z_{T_k} < B_{T_k}}$$

$$= E[V \mid S_{T_k}, Z_{T_k} > A_{T_k}] \mathbb{1}_{Z_{T_k} > A_{T_k}} + E[V \mid S_{T_k}, Z_{T_k} < B] \mathbb{1}_{B_{T_k} > Z_{T_k}}$$

定理 2（スペシャリストの情報に対するマルチンゲール）.
取引価格 p_k はスペシャリストの情報 S_k に対して，マルチンゲールである．公的情報 H_k はスペシャリストの情報 S_k に含まれるので，取引価格 p_k は公的情報に対してもマルチンゲールである．

$$E[p_{k+1} \mid S_k] = p_k$$

$$E[p_{k+1} \mid H_k] = p_k$$

証明は繰り返し期待値の法則より自明．この論文を拡張した Budish, Cramton, Shim（2015）では，価格のマルチンゲール性[4] を最初から仮定して，今売買するか後で売買するか無差別にして，投資家は到来したときにすぐ証券を買うようにしている．

またビッドアスクスプレッドの大きさを，取引回数と証券の価値の分散で特徴づけた定理として，

定理 3（ビッドアスクスプレッドの大きさ）.

$$\frac{1}{\gamma_k} \equiv Pr\{Z_k > A_k \mid S_{T_k}\} Pr\{Z_k < B_k \mid S_{T_k}\}$$

$$\gamma^* \equiv \sum_{k=1}^{N+1} \frac{\gamma_k}{N+1}$$

$$\Psi_k \equiv \frac{\sum_1^N (A_k - B_k)^2}{N}$$

---

[4]直感的には，過去の情報を所与とした未来の期待値は現在の値に一致するということ．

と定義して，売買する確率が 0 や 1 にはならないとき $(0 < Pr\{Z_k > A_k \mid S_{T_k}\} < 1, 0 < Pr\{Z_k < B_k \mid S_{T_k}\} < 1)$，($T_0$ までに取引が起きない場合は $\frac{1}{\gamma_k} = \frac{1}{4}$ とすると，)

$$E\left[\frac{N}{N+1}N\Psi_N^2/\gamma^*\right] \leq Var(V)$$

もし，$Pr\{\gamma^* < \gamma\} = 1$ となる γ が存在するなら，

$$E\left[\frac{N}{N+1}N\Psi_N^2\right] \leq Var(V)\gamma^*$$

証明の概略としては，取引価格の分散を，隣接する取引価格の差の二乗和で表現したあと，それとビッドアスクスプレッドの二乗和の関係式を条件付き期待値を使って不等式で評価し，さらにコーシー＝シュヴァルツの不等式を用いた後，証券価格の分散で上から抑える．

この定理では取引回数が増加するにつれて，スプレッドが減少していくことが示されている．取引回数が増えるということは，情報投資家の私的な情報が市場に反映されていくことを意味しており，取引後の信念の更新に伴い，ビッドとアスクの差で表現される不確実性が徐々に解消されることを示している．

定理 4（スペシャリストの予想と投資家の予想の差）．
売買する確率が 0 や 1 にはならないとき $(0 < Pr\{Z_k > A_k \mid S_{T_k}\} < 1, 0 < Pr\{Z_k < B_k \mid S_{T_k}\} < 1)$，$E[V \mid S_k] - E[V \mid F_k]$ は取引回数 k が大きくなるにつれて，0 に確率収束する．

証明の概略としては，取引が時間が経っても常に起こり得るなら，取引回数が大きくなるにつれて，アスクと証券の価値の期待値の差はゼロに概収束[5]する．アスクと証券の価値の期待値の差は，条件付き期待値の性質を用いて，スペシャリストの予想と投資家の予想の差の期待値より大きい．スペシャリストの予想と投資家の予想の差の期待値は，チェビチェフの不等式でスペシャリストの予想と投資家の予想の差に関する確率で評価できる．スペシャリストの予想と投資家の予想の差が0でない確率が0であることが，以上の不等式で証明できる．

この定理も取引回数が増加すると，情報投資家の私的情報が徐々に放出され，投資家とスペシャリストの予想の差が小さくなることを示している．

更に，ビッドアスクスプレッドが私的情報の質，非情報投資家の性質によって，特徴づけられるということが以下の定理で説明できる．

定理5 (ビッドアスクスプレッドの上昇要因)．
どんな t に対しても，他の要素が一定であれば，以下のいずれかのケースのとき，アスクは上昇し，ビッドは減少する．
- 時点 t における情報投資家の情報集合が細かくなるとき．
- または，非情報投資家に対する情報投資家の比率が増えるとき．
- または，非情報投資家の売買需要の弾力性が高まるとき．

スペシャリストは，情報投資家との取引から被る損失を，正のビッドアスクスプレッドを定めることによって相殺している．情報投資家がより詳しい情報を持っていたり，あるいは情報投資家からカモにさ

---

[5]確率変数 X_n が X に確率収束するとは，どんな $\epsilon > 0$ に対しても，$lim_{n \to \infty} P(|X_n - X| > \epsilon) = 0$ ことを指し，確率変数 X_n が X に概収束するとは $lim_{n \to \infty} X_n(\omega) = X(\omega)$ となる $\omega \in \Omega$ の集合になる確率が1であることを指す．

れる機会が多かったりすれば，そこから生じる損失の増加分だけ自身の収入を上げるために，スペシャリストはビッドアスクスプレッドを大きくして，非情報投資家から収入を得ようとするだろう．また弾力性が高い場合，取引から得られる情報により鋭敏に反応するため，ビッドアスクスプレッドを大きく設定する．

　Glosten-Milgrom モデルは非常に一般的な仮定の下で，ビッドアスクスプレッドが情報の非対称性から，生じる現象であることを示している．但し，取引が一回当たり一単位しかできないことや，マーケットメイカーの存在を仮定している．また，取引回数に関する極限を取る際に $0 < Pr\{Z_k > A_k \mid S_{T_k}\} < 1, 0 < Pr\{Z_k < B_k \mid S_{T_k}\} < 1$ と仮定して，取引が起こりうることを所与として，つまり，ρ が十分大きいか小さいという事象が起こりうると仮定して，証明を行っている．一見一般的に見えるが，かなり強い仮定を置いていることに留意されたい．Glosten-Milgrom の解説を行っている多くの教科書 (O'hara(1998)) や講義のスライドでは，かなり簡略化されたモデルが提示されているが，本書では元論文に沿った解説を行った．なぜそのような説明をしたかというと，筆者の研究の拡張元である Budish, Cramton, Shim (2015) の仮定の多くが Glosten-Milgrom モデルの仮定を踏襲しており，ビッドアスクスプレッドを特徴づける論文のアイデアが Glosten-Milgrom の直接的な拡張に近いからである．情報の非対称性を，高頻度取引業者による裁定取引に置き換えた論文である Budish, Cramton, Shim (2015) は拡張であるにもかかわらず，現代的な問題である高頻度取引をモデル化していることは大変興味深い．取引スピードの異質性を扱うのには一見不向きに見える Glosten-Milgorm をどのように拡張したのか，次項でその解説を行う．

1.2 Budish, Cramton, Shim (2015) による HFT のモデル化

近年注目されている研究として，高頻度取引という分野がある．高頻度取引によって，利ザヤを稼ぐ事業者の存在が流動性の供給や社会余剰にどのような影響を与えるのか，といった研究である．高頻度取引はいくつか種類があるが，ここでは証券のファンダメンタルな価値に変化があった時に，その変化に素早く対応して，利ザヤを稼ぐ鞘取り行動を指す．高頻度の取引なので，ファンダメンタルな価値が変化すると，すぐに価格に反映されるが，時間のスケールを細かく見ると，必ずしも価値の変化が価格に反映されている訳ではない．Budish, Cramton, Shim (2015)[6] は，S&P500 ベースのインデックスファンド（SPY）とS&P500mini (ES) という非常に高い相関を示す資産の価格を時間単位を変えて比べてみると，日単位，時間単位，分単位では相関が高いが，250 ミリ秒単位では相関が崩れていることを示した．こうしたデータから高頻度取引業者がミリ秒単位で裁定取引していると想定し，彼らは高頻度取引に勝つための投資が軍拡競争のようになっているため，無駄な投資を抑える必要があると論じている．高頻度取引に関して取引のスピードが重要なのは，高頻度取引で裁定取引を行うことが出来るのは，一番早く取引できるプレイヤーだけだからである．ジャーナリストの Michael Lewis の "Flash Boys"(2014) では，高頻度取引が流行するにつれて起きた現象が説明されている．人間のトレーダーが裁定機会を見つけ，注文を発注しても，取引が処理されず，相対する注文が板から消えてしまうという事象が多発したという．これは連続指値取引 (Continuous Limit Order Book) という，注文を取引所に注文が届いた順番に処理していくシステムに起因し，注文が届くのは速いアルゴリズムによる取引を行う業者および取引所へと伸びる最短の光ケーブ

---

[6]以後 BCS と表記する.

ルを使っている業者が優先されるので，スピードの遅い人間に出る幕はないという状態である．他の投資家よりもミリ秒でも早く取引するために，取引所間の情報伝達を早く行える，真っ直ぐなケーブルを引くという競争を行っている．先物と現物市場間の裁定を考えると，先物取引の市場はシカゴにあり，現物取引の注文を発注する取引所のサーバーはニュージャージー州に存在するため，シカゴとニュジャージーの拠点間を結ぶ，より真っ直ぐな光ケーブルを敷設することが勝敗を分ける．Lewis によれば，Spread Network 社が敷設したシカゴ＝ニュージャージー間のケーブルは一本あたり 3 億ドルのコストがかかり，200 のトレーダーに総額 28 億ドルで利用権が買われたという[7]．BCS は既にケーブルが敷設されているのに，ミリ秒単位早い取引を行うためにより真っ直ぐな新たなケーブルへの投資を行うことは資源の無駄であると指摘し，現在主流の早い者勝ち競争に近い連続指値取引から，時間を離散時間で区切ってその間に来たオーダーを付け合わせる高頻度バッチオークション (Frequent Batch Auction) という制度を，代替案として提案した．高頻度バッチオークションではスピードよりも価格が重視されるため，スピード性能を上げるための投資が利潤を生まなくなり，無駄な投資を止められるというロジックである．

市場環境

では，BCS の解説を行う．プレイヤーは投資家と取引業者の二種類が存在する．投資家と取引業者の違いは効用関数に取引そのものから得られる効用があるかないかである．投資家は取引そのものに効用がある．効用関数の設定をする前に市場環境の説明をしておく．証券は一種類のみ存在し，時刻 t での価値は y_t である．取引所は単純化のた

---

[7]ケーブルを通る光よりもマイクロ波を使う方が早いので，現在は電波塔の利用権を巡る競争をしていることを Lewis が述べている．取引スピードを巡るある種の軍拡競争は際限がない．

め，一社だけ存在し[8]，証券のファンダメンタル価値に完全に相関するが，ファンダメンタル価値を少しだけ時間を遅らせてプレイヤーに情報を伝える公的シグナル x_t が存在する．この公的シグナルは例えば，日経平均や S&P500 等の現物資産のインデックスで，証券がインデックス先物といった関係である．証券のファンダメンタル価値は到来頻度 λ_J のポアソン過程に従い，価値の変化は左右対称の分布 F_j に従う．価格変化の期待値はゼロ（価格はマルチンゲールである．）で，左右対称の連続分布と仮定する．つまり，Glosten-Milgrom では価格がマルチンゲールになることが証明されているが，BCS では初めから仮定している．後述のプレイヤーの定義でも説明するが，マーケットメイカー制度を仮定する．取引業者の中で最良のビッドおよびアスクを提示している業者がマーケットメイカーになる．

プレイヤーその1　投資家

プレイヤーは投資家と投機家の2種類がいる．投資家は Glosten-Milgrom モデルの投資家のように，流動性に直面しているプレイヤーで，取引そのものに需要がある．取引そのものの価値は v として，到来したら常に取引が起こるほど，その価値は大きいとする．つまり Glosten-Milgrom モデルと違って，到来して取引をせずに去る事象は起こりえない．投資家は到来頻度 λ_I のポアソン過程に従って，到来し市場に存在する最良のビッドもしくはアスクで，一単位のみ売買を行う．流動性から来る取引需要が買いであるときの頻度 $\lambda_I^B = \frac{\lambda}{2}$，売りであるときの頻度が $\lambda_I^S = \frac{\lambda}{2}$ で，売買の頻度は同じであると仮定する．投資家は市場に訪れてから売買を行うまでの間の時間に精神的なコストがかかるとする．到来した時間を t，取引を行う時間を $t'(\leq t)$ としたときに，遅れるコストは $d(t'-t)$ として，$d(0)=0, d'(0)>0$ を仮定する．すぐに

---

[8] 筆者の研究は取引所の数を N 社にして，各証券所もプレイヤーとして取引料金を定める．BCS では取引所はただの場所でプレイヤーではない．

取引出来れば，待つコストはゼロだが，待つ時間が長いと，取引コストが増加することを意味している．投資家の効用関数は，購入する流動性ショックの場合，

$$v - p'_t + y'_t - d(t - t')$$

売却への流動性ショックがある場合，

$$v - y'_t + p_{t'} - d(t - t')$$

である．証券の価値はマルチンゲールになり，後で示すがビッドアスクスプレッドは一定になるのが均衡なので，投資家は待つことから来るコストを避けるために到来してすぐに売買を行って，市場から去ることが均衡から導出される．プレイヤーは指値注文をしているが，仮定から，成り行き注文をしている Glosten-Milgrom モデルの投資家と事実上同じ行動をとっていることに注意されたい．

プレイヤーその2　取引業者

取引業者は取引そのものには価値がなく，裁定取引を行ったり，またはマーケットメイカーとして（つまり，流動性供給者として），市場に常に存在している．効用関数は購入時

$$y_t - p_t$$

売却時

$$p_t - y_t$$

であり，売買価格と証券のファンダメンタルな価値の差を得る．取引業者は単位時間当たりの収益を最大化することを目的とし，割引率は考えない．投資家のように確率的に到来をするのではなく，市場に常に存在する．市場に L 社存在し，取引業者間の競争の結果，最良のビッドおよびアスクを提示している一人の取引業者が流動性供給者になる．

流動性供給者を Liquidity Provider の略, LP と表記する.（安く買って高く売りたいので, $x_t = y_t$ のケースで）一単位売るアスクを価格 $y_t + \frac{s}{2}$, 一単位買うビッドを価格 $y_t - \frac{s}{2}$ を常に LP は提示している. $s \geq 0$ がビッドアスクスプレッドである. 残りの $L-1$ 社は LP の注文に対して, 裁定取引を行う. 裁定取引は以下のようなものである. 今証券のファンダメンタルな価値が y_{t-} が y'_t に変化したとする. 変化量がスプレッドの半分よりも大きいとすると, その情報を知った LP はアスクを $y'_t + \frac{s}{2}$ に改訂し, ビッドを $y'_t - \frac{s}{2}$ に改訂するが, この改訂のオーダーとほぼ同時に, 古いビッドおよびアスクに基づいて, 他の $L-1$ 社は注文を出して, 変化量からスプレッドの半分を引いた $J - \frac{s}{2}$ を手に入れようとする. このような古い注文 "Stale Quote" を狙い撃ちして, 注文を発注する取引業者を "Stale Quote Sniper"（以後 SQS とする）と呼び, 残り $L-1$ 社は SQS を行っている. また, このような裁定行動をスナイピング（sniping）と呼ぶ. 取引所の仕組みは連続指値取引で, 速く取引所に到達した注文が処理され, 同時に到着した注文はそれぞれ等しい確率で処理される. このモデルの場合, $\frac{1}{L}$ の確率で各オーダーは処理される. BCS は高頻度データにおいて, 相関が崩れているのはこのような SQS による裁定取引によるものであるというストーリーの下で, モデル化を行っている. LP になるか, SQS になるかは無差別であると仮定する. 後で, 高頻度取引に勝つための投資および, ゼロ利潤条件による取引業者の数 L の内生化を行う.

取引業者の数が外生的であるケースの ビッドアスクスプレッド

LP になるか SQS になるかの無差別条件から均衡スプレッドがどのように決まるかを説明する. 均衡概念はナッシュ均衡である.

LP の利益[9] は

$$\lambda_I \frac{s}{2} - \frac{L-1}{L}\lambda_J Pr\left(J > \frac{s}{2}\right) E\left[J - \frac{s}{2} \Big| J > \frac{s}{2}\right]$$

SQS の利益は

$$\frac{1}{L}\lambda_J Pr\left(J > \frac{s}{2}\right) E\left[J - \frac{s}{2} \Big| J > \frac{s}{2}\right]$$

どちらになるかは無差別なので

$$\lambda_I \frac{s}{2} - \frac{L-1}{L}\lambda_J Pr\left(J > \frac{s}{2}\right) E\left[J - \frac{s}{2} \Big| J > \frac{s}{2}\right]$$
$$= \frac{1}{L}\lambda_J Pr\left(J > \frac{s}{2}\right) E\left[J - \frac{s}{2} \Big| J > \frac{s}{2}\right]$$

従って，均衡スプレッドは以下のようにして決まる．

$$\lambda_I \frac{s^*}{2} = \lambda_J Pr\left(J > \frac{s^*}{2}\right) E\left[J - \frac{s^*}{2} \Big| J > \frac{s^*}{2}\right]$$

全て SQS の収益の合計は，LP が投資家から得られる収益に等しい．また，証券のファンダメンタルな価値の分散が大きくなると，スプレッドが大きくなることもこの関係式から分かる．その収益は取引業者の数 LP には依存しない．これまでの議論をまとめると，

定理 6（ビッドアスクスプレッド）．
- s^* は一意に決まる．

---

[9] 今投資家は買いと売りの流動性ショックが等しい頻度で訪れるとなっているが，もしそうでないならば，$\lambda_I^B(ASK - y_t) - \frac{1}{2}\frac{L-1}{L}\lambda_J Pr(J > ASK - y_t) E[J - ASK + y_t | J > ASK - y_t]$ および，$\lambda_I^S(BID - y_t) - \frac{1}{2}(BID - y_t)\frac{L-1}{L}\lambda_J Pr(J > BID - y_t) E[J - BID + y_t | J > BID - y_t]$ がそれぞれ買い及び売りのときの期待利得である．ビッドおよびアスクが必ずしも証券のファンダメンタル価値から等しい分だけ離れる訳ではない．

- 投資家は取引が遅れることで，コストが発生するため，到来してすぐに取引を行う．
- $\frac{s^*}{2}$ 以上の価値の変化がある時，取引業者はその変化を認知してすぐに，LP なら注文を変更し，SQS なら裁定取引を行う．
- LP の収益と SQS の収益の合計は取引業者の数に依存しない．

証明 最初の性質だけ証明してないので，証明する．

$$\lambda_I \frac{s^*}{2} = \lambda_J Pr(J > \frac{s^*}{2}) E[J - \frac{s^*}{2} \mid J > \frac{s^*}{2}]$$

この式の左辺は 0 以上の値を取り，スプレッド s に対して増加関数である．右辺は 0 以上の値を取り，スプレッド s に対して，減少関数である．s^* 以上のスプレッド s' は他の取引業者が s' よりも僅かに小さく s^* より大きいスプレッドを定めることによって，より大きい利潤をあげることが出来る．s^* より小さいビッドアスクスプレッドは LP の利潤が減り，均衡ではない．したがって，s^* は一意に定まる． (Q.E.D)

改めて，Glosten-Milgrom モデルとの関係性を指摘しておく．BCS ではマーケットメイカーとして LP は，SQS から裁定取引をされることによって発生する損失から自分を守るため，スプレッドを定めて，投資家から収益を得ていた．Glosten-Milgrom ではマーケットメイカーは，情報投資家との取引から生じる損失を，ビッドアスクスプレッドを定めて，非情報投資家から収益を得ることで，補っていた．つまり，BCS モデルは Glosten-Milgrom モデルの設定を非常にうまく使った，かなり直接的な拡張論文であることが分かる．

取引業者の数が内生的であるケースの
ビッドアスクスプレッド

次に取引業者の数を内生化する．ゼロ利潤条件を課して，取引業者の数 L^* を決める．Glosten-Milgrom モデルでもゼロ利潤条件を課したが，一般に情報優位のないプレイヤーにはゼロ利潤条件を課すことが多い．LP および SQS のゼロ利潤条件は，

$$\lambda_I \frac{s}{2} - \frac{L-1}{L}\lambda_J Pr\left(J > \frac{s}{2}\right) E\left[J - \frac{s}{2} \middle| J > \frac{s}{2}\right] = 0$$

$$\frac{1}{L}\lambda_J Pr\left(J > \frac{s}{2}\right) E\left[J - \frac{s}{2} \middle| J > \frac{s}{2}\right] = 0$$

上の式を連立すると，前と同様にビッドアスクスプレッドが決まり，

$$\lambda_I \frac{s^*}{2} = \lambda_J Pr\left(J > \frac{s^*}{2}\right) E\left[J - \frac{s^*}{2} \middle| J > \frac{s^*}{2}\right]$$

となるが，SQS の式を $L-1$ 倍して，

$$\frac{L-1}{L}\lambda_J Pr\left(J > \frac{s}{2}\right) E\left[J - \frac{s}{2} \middle| J > \frac{s}{2}\right] = 0$$

LP の式に代入すると，

$$\lambda_I \frac{s^*}{2} = 0$$

つまり，スプレッドはゼロになってしまう．しかし，スプレッドが 0 ならば，

$$\lambda_J Pr(J > 0) E[J | J > 0] = 0$$

価格の変化の分布は左右対称で期待値ゼロである．J はその変化量の絶対値である．つまり確率 1 で，$J = 0$ でないと上の式は満たさないので，そのようなケースは分布の仮定として，トリヴィアルなケースで

ある.
また,

$$\lambda_J Pr\left(J > \frac{s}{2}\right) E\left[J - \frac{s}{2} \,\middle|\, J > \frac{s}{2}\right] > 0$$

ならば,

$$\frac{1}{L}\lambda_J Pr\left(J > \frac{s}{2}\right) E\left[J - \frac{s}{2} \,\middle|\, J > \frac{s}{2}\right] = 0$$

を満たすには

$$L^* = \infty$$

であるので,このとき,

$$\frac{L-1}{L} = 1$$

で近似して,ビッドアスクスプレッドは

$$\lambda_I \frac{s^*}{2} = \lambda_J Pr\left(J > \frac{s^*}{2}\right) E\left[J - \frac{s^*}{2} \,\middle|\, J > \frac{s^*}{2}\right]$$

で決まる.もし,$J = 0$ となる確率が 1 ではないケースにおいては,

$$\lambda_J Pr\left(J > \frac{s^*}{2}\right) E\left[J - \frac{s^*}{2} \,\middle|\, J > \frac{s^*}{2}\right] > 0$$

とならない場合,均衡が存在しないので,, $\lambda_J Pr(J > \frac{s^*}{2}) E[J - \frac{s^*}{2} \,|\, J > \frac{s^*}{2}] > 0$ を満たすように十分な価格変化の分散が無くてはいけない.以上の議論[10]をまとめると,

---

[10]この定理は筆者による追加である.筆者がこのモデルを拡張したさいに $C_{speed} = 0$ とおく必要があった.

> **定理 7**（ゼロ利潤条件下のスプレッド及び，取引業者の数その1）．
> $\lambda_J Pr\left(J > \frac{s^*}{2}\right) E\left[J - \frac{s^*}{2} \mid J > \frac{s^*}{2}\right] > 0$ なら，$L = \infty$ となり，スプレッドは $\lambda_I \frac{s^*}{2} = \lambda_J Pr\left(J > \frac{s^*}{2}\right) E\left[J - \frac{s^*}{2} \mid J > \frac{s^*}{2}\right]$ で決まり，$\lambda_J Pr\left(J > \frac{s^*}{2}\right) E\left[J - \frac{s^*}{2} \mid J > \frac{s^*}{2}\right] = 0$ なら，スプレッドは 0 であり，L は不定である．しかし，L が不定になるケースはトリヴィアルなケースに限る．

高頻度取引業者による軍拡競争

価格を知るタイミングに異質性を入れて，高頻度取引に伴う投資を行うことが支配戦略であることを示す．今証券のファンダメンタルな価値が何も投資をしない場合 δ_{slow} だけ遅れて観測されると仮定する．高頻度取引技術へ投資すると，単位時間あたり $C_{speed} \geq 0$ のコストがかかるが，$\delta_{fast} (< \delta_{slow})$ だけの遅れで，証券のファンダメンタルな価値を観測できるとする．ここでいう高頻度取引技術とは，取引所から取引所を結ぶ光ケーブルの利用料金や，より早い発注をしてくれるアルゴリズムの開発費であるとする．もし取引業者が全員高頻度取引技術に投資をしているとすると，ゼロ利潤条件では，

$$\lambda_I \frac{s^*}{2} - \frac{L^* - 1}{L^*} \lambda_J Pr\left(J > \frac{s^*}{2}\right) E\left[J - \frac{s^*}{2} \mid J > \frac{s^*}{2}\right] = C_{speed}$$

$$\frac{1}{L^*} \lambda_J Pr\left(J > \frac{s^*}{2}\right) E\left[J - \frac{s^*}{2} \mid J > \frac{s^*}{2}\right] = C_{speed}$$

二式を連立すると，同様にビッドアスクスプレッドが決定する．

$$\lambda_I \frac{s^*}{2} = \lambda_J Pr\left(J > \frac{s^*}{2}\right) E\left[J - \frac{s^*}{2} \mid J > \frac{s^*}{2}\right]$$

ビッドアスクスプレッドは高頻度取引技術へのコストをかけてないときと変わらないことに注意されたい．また，ビッドアスクスプレッド，

取引業者の数についての関係もゼロ利潤条件から分かり，SQS のゼロ利潤条件を $L-1$ 倍して，LP のゼロ利潤条件に足すと，

$$\lambda_I \frac{s^*}{2} = L^* C_{speed}$$

したがって，ビッドアスクスプレッドの分だけ投資が起こり，余剰が減少していることが分かる．

次に高頻度取引技術に投資することが，支配戦略になることを示す．

定理 8（取引業者の行動）．
取引業者は高頻度取引技術に投資をすることが支配戦略である．

証明 高頻度取引技術に投資してない遅い取引業者は SQS にはならない．なぜなら，ファンダメンタルな価値の変化を観察するのに遅れを取るから裁定注文を出すのに遅れるからである．

LP の役割については以下の通りである．もし，高頻度取引技術へ投資してない企業が，高頻度取引技術に投資している速い取引業者のみによって，導出された取引業者のゼロ利潤条件 s^* より小さい $s'(<s^*)$ をスプレッドとして定めることによって，LP になったとする．遅い LP は確率 1 で高頻度技術に投資した SQS の裁定取引注文の攻撃を受けることに注意するとこの時の，LP の単位時間あたりの利益は

$$\lambda_I \frac{s'}{2} - \lambda_J Pr\left(J > \frac{s'}{2}\right) E\left[J - \frac{s'}{2} \mid J > \frac{s'}{2}\right]$$

しかしながら，

$$\lambda_I \frac{s'}{2} < \lambda_I \frac{s^*}{2}$$

$$\lambda_J Pr\left(J > \frac{s'}{2}\right) E\left[J - \frac{s'}{2} \mid J > \frac{s'}{2}\right] > \lambda_J Pr\left(J > \frac{s^*}{2}\right) E\left[J - \frac{s^*}{2} \mid J > \frac{s^*}{2}\right]$$

これらとまた，ビッドアスクスプレッドの均衡条件から，高頻度取引技術に投資してない遅い取引業者の利益は

$$\lambda_I \frac{s'}{2} - \lambda_J Pr\left(J > \frac{s'}{2}\right) E\left[J - \frac{s'}{2} \mid J > \frac{s'}{2}\right]$$
$$< \lambda_I \frac{s^*}{2} - \lambda_J Pr\left(J > \frac{s^*}{2}\right) E\left[J - \frac{s^*}{2} \mid J > \frac{s^*}{2}\right] = 0$$

となり，負となる．つまり，LPは必ず高頻度取引技術に投資をする．今，$L < L^*$ の取引業者が高頻度取引技術に投資して，LPはゼロ利潤条件における s^* をビッドアスクスプレッドとして定めているとすると，

$$\lambda_I \frac{s^*}{2} - \frac{L-1}{L}\lambda_J Pr\left(J > \frac{s^*}{2}\right) E\left[J - \frac{s^*}{2} \mid J > \frac{s^*}{2}\right] > C_{speed}$$
$$\frac{1}{L}\lambda_J Pr\left(J > \frac{s^*}{2}\right) E\left[J - \frac{s^*}{2} \mid J > \frac{s^*}{2}\right] > C_{speed}$$

したがって，全ての高頻度取引技術に投資を行っていない企業は高頻度取引技術へ投資を行うインセンティブが存在する． (Q.E.D)

　これらの議論から，現在の連続時間指値取引という早い者勝ちの取引システムでは，高頻度取引技術に投資をすることが支配戦略となっており，そこで起きている余剰損失はビッドアスクスプレッドの大きさの大小であらわされることが分かった．金融市場の質を考えるときに，取引コストであるビッドアスクスプレッドを，指標として用いることが多い．ビッドアスクスプレッドが小さい市場であれば，よりファンダメンタルな価値に近い価格で買えるので，ビッドアスクスプレッドは小さいほど，市場参加者にとって好ましい．このモデルの中では高頻度取引技術に投資をするかに依存せず，LPになるかSQSになるかでビッドアスクスプレッドが決まっている．ビッドアスクスプレッドを今の制度より小さくできるのか，高頻度取引技術への投資を止め

ることができるのか,マーケットデザインの視点から解決策を与えたと主張した[11]のが,BCS 論文である.

マーケットデザインからの処方箋:
高頻度バッチオークション

BCS は取引が連続時間で行われているので,早い者勝ち競争になり,高頻度取引技術に投資するインセンティブが存在すると主張した.BCS は連続時間のシステムに内在する欠点を克服するために新たに高頻度バッチオークション (Frequent Batch Auction) という制度を提案した.高頻度バッチオークションは取引時間を連続時間から,離散時間に変えて,各期間の間に注文を集め,離散の各時間の終わりにその注文情報をもとに封印一様価格ダブルオークション[12]を行う,という制度である.高頻度バッチオークションの名前の由来についてだが,高頻度とは一秒などの非常に細かい頻度で行うという意味で,バッチ(=かたまり)とはその各期間の終わりに"まとめて"注文をさばくという意味である.高頻度バッチオークションの制度の詳細は以下の通りである.

定義 9(高頻度バッチオークションのルール).
- 取引時間を $\tau > 0$ の長さの区間に分割する.
- 各取引時間の間に来た注文および前期に取引に到来した注文を下に,各期の終わりに需要関数と供給関数を作り,交わったら取引を行う.

---

[11]マーケットデザインの視点から解決策を与えたと書いたのではなく,"与えたと主張した"というのは歯切れの悪い言い方であるが,この論文の解決策はうまくいかない可能性があるのでそのように書いた.詳しくは後述する.

[12]取引数量は離散なので,縦軸を価格,横軸を数量とすると需要関数及び供給関数は階段状である.

- 取引価格は需要関数と供給関数が一点で交わったら，その点を取引価格にする．需要関数と供給関数が垂直に交わったら，交わった垂直の線分の高い方の価格を p^H，低い方の価格を p^L としたときに $p^* = \frac{p^L + p^H}{2}$ という価格で取引を行う．
- 需要関数と供給関数が交わるとき，取引価格より同じか安い売り注文，取引価格より同じか高い買い注文すべてを，取引価格（一様価格）で執行する．
- 取引されなかった注文は次の期に持ち越す．
- バッチの区間の間は，売り注文買い注文を自由に変更できる．
- 過去のバッチオークションの情報は公開されるが，現在注文を集めているバッチオークションの情報は，各期が終わるまで公開されない．

取引を離散時間にしているため，裁定取引ができる時間が限られる．速い取引業者が SQS として裁定できるのは，早い取引業者だけが，価値の変化を知って，遅い取引業者が知らない時間帯だけである．各バッチの区間のなかで，$(0, \delta_{slow}]$ の区間で起こったことは，遅い取引業者，速い取引業者双方に観測される．$(\delta_{slow}, \delta_{fast}]$ の区間で起こったことは速い取引業者のみによって観測される．$(\delta_{fast}, \tau]$ の間に起こったことは現在のバッチの間では観測されない．つまり，$\delta \equiv \delta_{slow} - \delta_{fast}$ の時間に起こった価値の変化にのみ，速い取引業者に情報の優位がある．

バッチオークションでは，連続時間型の既存の取引とは異なり，裁定取引を抑えることができる．まず，全ての取引業者が同じスピードで取引している場合，LP が，価値の変化があったときに，裁定取引で不利益を得る可能性はゼロになり，ビッドアスクスプレッドはゼロになる．これは，バッチの間で価格の変更を行うことができるからであ

る．早い取引業者が LP の場合も同様にビッドアスクスプレッドはゼロになる．また，LP のみが遅い取引業者で，$N-1$ 社の SQS が速い取引業者であったとしても，SQS に裁定取引される確率が $\frac{\delta}{\tau}$ 分だけ減る．ちなみに，$[\delta_{slow}, \delta_{fast}]$ の区間で，価値の変化があった場合，$y_{\tau-\delta_{fast}}$ がアスクよりも大きい場合，もしくはビッドよりも小さい場合，その価格 $y_{\tau-\delta_{fast}}$ で，遅い LP が存在するなら，取引に応じることになる．

また，ある一定の仮定のもとでは，複数の投資家の需要を，ビッドアスクスプレッドをゼロにして達成することができる．バッチの間に来る投資家の取引需要を，取引業者の出す注文で全て処理できると仮定して，その取引数量の絶対値を Q とする．また，取引業者間にスピードの差がないと仮定すると，この Q はポアソン過程の到来回数の標準偏差 $\sqrt{\tau\lambda_I}$ よりも十分大きいものであるとする．このとき，取引業者は LP になったときに裁定取引によって，不利な取引をされないので，ビッドアスクスプレッドをゼロに定める．仮に逸脱して，正のスプレッドを定めたとしても，ベルトラン競争と同じ要領で，スプレッドを小さくして，他の取引業者が流動性を供給しようとする．結果的にスプレッドはゼロになる．

また，バッチの長さ τ を十分長くとれば，裁定取引に勝つための無駄な投資を完全に止めることができる．前の段落で，取引業者間にスピードの差がないと仮定したが，全員が遅い取引業者のままでいる状態が，均衡で出てくるようにすればよい．速い取引業者になるには，単位時間あたりコスト C_{speed} がかかる．一方，SQS の利益の上限は

$$\frac{\delta}{\tau}\lambda_I E[J]Q$$

なので，これが C_{speed} よりも小さくなるように，τ を十分大きくすれば，裁定取引に勝つための無駄な投資が起こらないようになる．このとき，仮定から到来した投資家は自分が到来したバッチの間に取引が

全て処理されることに注意する．したがって，連続時間の取引に比べて，余剰が投資が減った分，つまり，

$$N^*C_{speed}$$

だけ増える．しかしながら，投資家はバッチの間，取引が行われるまで待つ必要があるので，

$$\frac{1}{\tau}\int_0^\tau d(x)\lambda_I dx$$

だけ余剰が下がる．しかしながら，BCS は取引を待つことに伴うコストは十分小さいだろうと考えられるので，バッチオークションを導入すべきであると述べている．以上の議論をまとめると，

定理 10（高頻度バッチオークション下の均衡）．

$$\frac{\delta}{\tau}\lambda_I E[J]Q < C_{speed}$$

を満たすようにバッチの区間 τ を十分大きくすれば，
- ビッドアスクスプレッドは 0
- 取引業者は高頻度取引技術へ投資しない．
- 投資の節約分 N^*C_{speed} 分だけ余剰が増加し，待つコスト $\frac{1}{\tau}\int_0^\tau d(x)\lambda_I dx$ だけ余剰が減る．後者は無視できるほど小さいと考えられるので，余剰はトータルで改善する．

この結果を受けると，バッチオークションは非常に良い制度のように思えるが，仮定を少し変えると，ビッドアスクスプレッドがバッチオークションにおいて，小さいという望ましい性質が満たされなくなる．例えば，Haas and Zoican (2016) によると，バッチオークションは，スプ

レッドが既存の連続指値取引のスプレッドよりも大きくなる可能性があることを指摘している．もし，特定の取引業者しか知らない private な signal を観測する仮定を置いた場合，バッチオークションをやっている間は，その情報が明らかにならないため，情報の不確実性がマーケットメイカーや LP にとって大きくなる．Glosten Milgrom モデルの一種なので，マーケットメイカーにとっての不確実性の増加はビッドアスクスプレッドを増加させることになる．Baldauf and Mollner (2017a) も同様の主張をしている．しかし，Baldauf and Mollner (2017a) は投資家が証券の価値を研究するモデルになっており，連続指値取引ではスプレッドが小さいが，投資家の研究への投資が過小になるため，バッチオークションの方が効率的であるとしている．スプレッドの大きさと研究投資の大きさにトレードオフがあり，効率的な点をバッチオークションは達成できるが，連続指値取引は達成できないというのが彼らの主張である．以上の議論から，バッチオークションが必ずしも社会にとって望ましいかは分からない．スプレッドは流動性の指標として使われてきたが，スプレッドが小さいからと言って，高頻度取引がいいとは限らない．しかし，バッチオークションは価格発見機能を弱める可能性がある．これからの研究の進展によって，バッチオークションが採用されるべきか明らかになるであろう．

またバッチオークションは自発的に採用されない可能性がある[13]．f を取引料金とすると，連続指値取引で取引が起こる頻度が $\lambda_I + Pr(J > s + f)\lambda_J$ であるが，バッチオークションでは，λ_I となり，取引頻度が減ってしまう．もし，バッチオークションと連続指値取引で取引料金が一緒なら，$\lambda_I f$ がバッチオークションの収入なのに対して，連続指値取引では $(\lambda_I + Pr(J > s + f)\lambda_J)f$ となって，証券取引所の収益が減ってしまう．f をバッチオークションのときは，大きくすれば，収入の

---

[13]この段落は筆者自身の考察である．

減少を免れることが出来るかもしれないが，競争相手がいて，競争相手が連続指値取引を使っている場合，自分の取引所の取引料金をあげることは，難しい．つまり，バッチオークションを取引所自身が採用するインセンティブを設計するにはどうすればよいのか，という問題がある．

2 高頻度取引下の市場分断

2.1 市場分断の相反する既存の実証結果

　高頻度取引とは別の大きな問題として，市場間競争の苛烈化がある．取引所間の競争が社会にとって，好ましいのかはよく分からない．特にアメリカでは私設取引所を含めて，50社以上の取引所が存在し，市場分断が深刻化している．取引所間競争は，競争によって取引コストを削減する一方で，流動性を分断し，コストを上げる要因でもある．本章では先行研究である O'hara and Ye（2011）および Baldauf and Mollner (2017b) の概観を示す．前者はアメリカ市場分断の分析，後者はオーストラリア市場分断の分析を行っている．

　O'hara and Ye (2011) はアメリカ市場の分析を行ったものである．アメリカには証券取引所法に基づき，証券取引委員会の登録を受けた国法証券取引所（NYSEやNasdaqなど）が13個存在し，加えて証券会社などが運営する私設取引所などが存在する．アメリカの証券取引所に対する制度は日本とはかなり異なる[14]．特に非上場証券取引特権と全米市場システム (National Market System) が特筆すべき規制である．非上場証券取引特権とは，国法証券取引所であれば，他の国法証券取引所に上場している株式も審査せずに扱える制度である．全米市場システムとは，最良気配を提示している市場に注文を回送する制度で，最良執行の一種である．したがって，アメリカでは複数の取引所が存在するが，非上場証券取引特権と全米市場システムによって，あたかも一つの市場であるかのように機能しているというのが，特徴である．O'hara and Ye (2011) はアメリカ市場における市場分断は流動性を阻害していないと主張している．彼らは Nasdaq に取引されている株の，Nasdaq

---

[14]「日米株式市場の相違点」（太田，2014）を参照．

以外の市場で取引されている割合を，市場分断の指標とし，市場の質の指標として，その株のビッドアスクスプレッドを用いて，回帰分析を行っている．市場を選ぶ際に内生性の問題が起こるため，彼らはヘキット[15]を用いた．市場の選択に関して，Nasdaq ではない市場を選ぶ比率を被説明変数として，一段階目で行い，二段階目で，その逆ミルズ比を説明変数に加えて，被説明変数をビッドアスクスプレッド，主たる説明変数を Nasdaq 以外の市場で取引されている割合とする回帰を行った．結果は逆ミルズ比の係数は，有意でないため，セレクションバイアスは存在せず，また，Nasdaq 以外の市場で取引されている割合の係数は負であり，市場分断は流動性を高めているという解釈になった．ただし，この結果は多くの市場で取引されている銘柄はスプレッドが小さいということを示しているに過ぎず，市場の数が増えることが取引の質にどのような影響を与えるかについて直接分析したものではない．

一方 Baldauf and Mollner (2017) はオーストラリア市場の分析を行っている．オーストラリアの STW という ETF の市場分断を分析し，市場分断は流動性に悪影響を及ぼすとの実証結果を得た．オーストラリアには ASX と Chi-X という市場が存在する．彼らは BCS モデルを複数の市場間競争に拡張し，解析解を得たのち，その解を下に非線形最小二乗法を行い，各係数を推定する．Chi-X はシステムダウンが起きており，システムダウンは予見されないものであるから，外生的なものである．そのときの ASX の STW のスプレッドがどうなるのかを差の差分析で推定し[16]，その推定結果が非線形最小二乗法で推定されたパラメータに基づく反実仮想（取引所を一社減らしたもの）の推定値と整合的かどうかを調べている．結果はいずれの場合も，ビッドアス

---

[15]一段階目にプロビットを用い，二段階目で最小二乗法を行って，セレクションバイアスも考慮して推定する方法．具体的な推定手順は本文参照．

[16]コントロール群は ASX でのみ取引されている ETF を用いている．

クスプレッドはシステムダウン時に小さくなっており，市場の分断は流動性に悪影響を与えているという結果が得られた．この論文の推定は差の差分析を用いている部分は頑健であるが，非線形最小二乗法に関して注意が必要である．非線形最小二乗法を行う際，モデルの解析解を用いているが，この解は対称均衡を仮定している．しかし，元となったデータは対称ではなく，ASX のシェアが 72.6 パーセント，ASX のシェアが 16.5 パーセントである．また，推定するために，強い仮定を置いており，推定されたパラメータは取引所の数が 3 社以上になると満たされなくなるので，頑健性は弱い．また，スプレッドの解析解は取引所の数に対して比較静学が出来ないほど，複雑で直感的な解釈が難しい．しかしながら，市場分断が流動性に悪影響を与えるケースがあることを理論・実証双方から迫った大変興味深い研究である．

2.2 取引所間競争のモデル

本節以降では，筆者の研究の紹介を行う．本論文では取引所のモデルを追加する．連続指値取引を採用する取引所が N 社存在する．彼らは取引料金 f を定め，単位時間あたりの利益を最大化し，割引率はゼロである．世界には一種類だけの証券が存在し，証券の時刻 t での価値は y_t で，プレイヤーに情報を伝える公的シグナル x_t が存在し，x_t は y_t と完全に相関している．ここでは，証券の価値と完全に相関しているシグナルは日経平均などの指数で，証券は日経平均先物や日経平均と相関するような ETF などを考えている．証券の価値はポアソン過程で，パラメータ λ_J に従い，証券の価値の変化は $+\sigma, -\sigma$ のいずれかで，同じ頻度で到来する．ゆえに価値はマルチンゲールである．σ は十分大きな正の数で，価格の変化が起きたら必ず裁定取引（後述）が行われるほど大きい値とする．各取引所のスプレッドを s^n とする．プレイヤーは BCS と同様に，投資家と取引業者がいる．

各取引所に取引業者はいて，取引業者は自分のいる取引所でしか取

引できない．LP は各取引所に一人ずついて，LP になるために取引業者は競争しており，ゼロ利潤条件を課す．市場 n にいる取引業者の数は L^n とする．LP は取引需要に対して何単位でも対応できると仮定する．LP は常に取引業者は高頻度取引技術にアクセスでき，その単位時間あたりの費用は $C_{speed} \geq 0$ とする．本章では断りのない限り，$C_{speed} = 0$ と基準化し，投資をすると，公的シグナルが，$\delta_{fast} > 0$ で見られるが，投資をしないと $\delta_{slow}(> \delta_{fast})$ の遅れで見ることになる．投資家は全員 δ_{slow} の遅れで見ているとする．取引業者のうち LP はビッドアスクスプレッドを定め，SQS は証券の価値が上がったときに裁定取引を行う．投資家はポアソン過程 λ_I で到来し，買い流動性取引か，売りの流動性取引かは同じ頻度であるとする．

価格の変化時及び，投資家が到来した時に取引が起こるが，どこの取引所で起こるかは以下のように定める．これは全米市場システムのようなものを考える．全米市場システムはビッドアスクスプレッドが最も小さい市場に注文が回送されるルールである．よって，各市場における投資家による取引頻度は

$$\lambda_I^n = \begin{cases} \dfrac{\lambda_I}{|m|} & s^n = \underset{1 \leq l \leq N}{\mathrm{argmin}}\, s^l, m = \{k \mid s^k \in \{\underset{1 \leq l \leq N}{\mathrm{argmin}}\, s^l\}\} \\ 0 & \exists j \neq n, s^n > s^j \end{cases}$$

最小のビッドアスクスプレッドを付けている市場が投資家の取引需要を奪い合っているという状況である．

各市場の裁定取引による取引は

$$\lambda_J^n = \begin{cases} N \dfrac{\lambda_J}{|m|} & s^n = \underset{1 \leq l \leq N}{\mathrm{argmin}}\, s^l, m = \{k \mid s^k \in \{\underset{1 \leq l \leq N}{\mathrm{argmin}}\, s^l\}\} \\ 0 & \exists j \neq n, s^n > s^j \end{cases} \quad (1)$$

証券の価値の変化は複数市場に同時に起きるため，全米市場システムによる回送を通じて，一番スプレッドが小さい市場に流れる[17]。

取引所の利得は f^n を取引所 n の取引料金として，

$$U_n^{market}(f^n) = 2f^n[\lambda_I^n + \lambda_J^n]$$

取引業者の利得は

$$U^{trader} = y_t - a_t^n - f^n - C_{speed}\mathbb{1}\{c=1\} \quad \text{（買うとき）} \tag{2}$$

$$U^{trader} = b_t^n - y_t - f^n - C_{speed}\mathbb{1}\{c=1\} \quad \text{（売るとき）} \tag{3}$$

$c=1$ は高頻度取引技術に投資したときに1をとる．

投資家の効用関数は，t を到来したとき，t' を取引を行ったとき

$$U^{investors} = v + y_{t'} - a_{t'}^n - d(t'-t) - f^n \quad \text{（買いの流動性ショックのとき）}$$

$$U^{investors} = v + b_{t'}^n - y_{t'} - d(t'-t) - f^n \quad \text{（売りの流動性ショックのとき）}$$

v が取引そのものの価値，$d(t'-t)$ が取引が遅れることによるコスト，$a_{t'}^n$ をアスク，$b_{t'}^n$ をビッドとしている．投資家と取引業者の違いは，取引そのものの価値の有無に依存する．

ゲームの手番は
- 取引所が取引料金 f を定める．
- 取引業者が高頻度取引技術に投資するかを決める．
- 各取引所で取引が始まる．

二個目に関してはBCSモデルと同様に投資を行うことが支配戦略なので，詳細は省く．

---

[17]本研究ではスプレッドは定常状態になっているため，このような仮定を置いて問題はない．

2.3 摩擦がないケース

先ほどのモデルで記載されたケースを摩擦がないケースとして、分析する。後ろ向き帰納法で解く。最後の段階は BCS 同様取引業者にはゼロ利潤条件を課す。LP のゼロ利潤条件は

$$\lambda_I^n\left(\frac{s^n}{2} - f^n\right) - \lambda_J^n\left(\sigma - \frac{s^n}{2} + f^n\right)\frac{L^n - 1}{L^n} = C_{speed} = 0$$

SQS のゼロ利潤条件は

$$\lambda_J^n\left(\sigma - \frac{s^n}{2} - f^n\right)\frac{1}{L^n} = C_{speed} = 0$$

$C_{speed} = 0$ と仮定したので、上の式が成り立つには $L^n = \infty$, $\frac{L^n-1}{L^n} = 1$ 及び $\frac{1}{L^n} = 0$ になる。ゼロ利潤条件の式を連立して、

$$\lambda_I^n\left(\frac{s^n}{2} - f^n\right) - \lambda_J^n\left(\sigma - \frac{s^n}{2} + f^n\right) = 0$$

この式を変形して、スプレッドの式を求めると、

$$s^{n*} = \frac{2\left[\sigma\lambda_J^n + (\lambda_I^n + \lambda_j^n)f^n\right]}{\lambda_I^n + \lambda_J^n}$$

これは取引料金 f の増加関数であることを考慮すると、第一段階目の取引所の料金競争の手番に戻ると、製品差別化のないベルトラン競争と全く同じ要領で、$f = 0$ となる。よって、均衡スプレッドは

$$s^* = \frac{2\sigma\lambda_J}{\frac{\lambda_I}{N} + \lambda_J}$$

となる。この均衡スプレッドの特徴は

> **定理 11**（摩擦なしのときの，ビッドアスクスプレッド）．
> 摩擦なしのときの均衡スプレッドは
> - 取引所の数 N に対して増加関数
> - 価格変化の頻度 λ_J の増加関数
> - 投資家の到来頻度 λ_I の減少関数
> - 価格変化の程度 σ の増加関数

直感的には以下の通りである．LP は正のビッドアスクスプレッドを定めることで，投資家から収益を得て，SQS との取引から受ける損失を埋め合わせている．取引所の数が増えると，各取引所に訪れる投資家の頻度が落ちる．したがって，ゼロ利潤条件が成り立つには，スプレッドを広げないと，達成できない．また，価格変化の頻度が上がると，SQS の裁定取引の頻度が上がり，LP はゼロ利潤条件を達成するために，スプレッドを広げる必要がある．投資家の到来頻度が増えると逆に，収益を獲得する機会が増えるため，ゼロ利潤条件から，スプレッドを小さくする．価格変化の程度が大きくなると，裁定取引による LP の損失が大きくなるので，ゼロ利潤条件からそれを埋め合わせるためにスプレッドを大きくして収益を確保する．

2.4 サロップ型の摩擦のケース

ここでは Salop (1979) で行われている摩擦の入れ方を考えてみる．単位円上に均等の距離で，つまり，$\frac{1}{N}$ の距離で各証券取引所が立地している．投資家は単位円状に一様に分布しており，取引需要が起こったときに，証券取引所に証券を買いにもしくは売りに行くというケースを考える．前の節とは異なり，価値変化頻度は各市場に統一で，注文

の発送などはないものとする．投資家の効用関数は

$$U^{investors} = v + y_{t'} - a^n_{t'} - d(t'-t) - f^n - D|l_n - l_i| \quad (買うとき)$$

$$U^{investors} = v + b^n_{t'} - y_{t'} - d(t'-t) - f^n - D|l_n - l_i| \quad (売るとき)$$

l_i は一様分布 $U[0,1]$ に従う確率変数で，投資家の立地を表す．$D > 0$ は取引の摩擦である．摩擦の解釈は，投資家の取引は現実経済では証券会社などのディーラーを通じて行われることから，投資家とディーラー間の摩擦と考えることもできる．また，証券取引所が物理的に円環上に立地していると解釈してもよい．たとえば，大阪，シンガポール，シカゴで日経平均先物は取引されており，大阪とシカゴの間に住んでいる人は近い方から買うといった具合である[18]．また，ここでは，新たに取引料金込みスプレッド $\tilde{s}^n = s^n + 2f$ という記号を導入する．取引料金込みスプレッドは解が比較静学しやすいので，導入した．x を取引所 n を選ぶ投資家の立地場所とすると，以下の式を満たしてるので，

$$\frac{\tilde{s}^n}{2} + Dx \leq \frac{\tilde{s}^{n+1}}{2} + D\left|\frac{1}{N} - x\right|$$

$$\frac{\tilde{s}^n}{2} + Dx \leq \frac{\tilde{s}^{n-1}}{2} + D\left|\frac{1}{N} - x\right|$$

対称なスプレッドを仮定して，$\tilde{s}_{n-1} = \tilde{s}_{n+1} = \bar{\tilde{s}}$ と取引所 n の競争相手のスプレッドを表記すると，証券所 n は

$$2x = \frac{\frac{\bar{\tilde{s}}}{2} - \frac{\tilde{s}^n}{2} + \frac{D}{N}}{D}$$

の割合の投資家に取引をしてもらえる．従って，取引業者のゼロ利潤条件は

$$\lambda_I \frac{\bar{\tilde{s}} - \tilde{s}^n + \frac{2D}{N}}{2D}\left(\frac{\tilde{s}^n}{2} - 2f^n\right) - \lambda_J\left(\sigma - \frac{\tilde{s}^n}{2} + 2f^n\right)\frac{L^n - 1}{L^n} = C_{speed} = 0$$

---

[18]当然対称性や一様分布は現実世界で満たされているわけではない．

$$\lambda_J \left(\sigma - \frac{\tilde{s}^n}{2} - 2f^n \right) \frac{1}{L^n} = C_{speed} = 0$$

前の章と同じく，$L^n = \infty$ と $\frac{L^n-1}{L^n} = 1$，$\frac{1}{L^n} = 0$ を仮定するので，最初の LP の式だけを考えると，

$$\lambda_I \frac{\bar{\tilde{s}} - \tilde{s}^n + \frac{2D}{N}}{2D} \left(\frac{\tilde{s}^n}{2} - 2f^n \right) = \lambda_J \left(\sigma - \frac{\tilde{s}^n}{2} + 2f^n \right)$$

これを整理すると，

$$2\left\{ \lambda_I \frac{\bar{\tilde{s}} - \tilde{s}^n + \frac{2D}{N}}{2D} \frac{\tilde{s}^n}{2} + \lambda_J \right\} f^n = \lambda_I \left[\frac{\bar{\tilde{s}} - \tilde{s}^n + \frac{2D}{N}}{2D} \right] \frac{\tilde{s}^n}{2} - \lambda_J \left(\sigma - \frac{\tilde{s}^n}{2} \right)$$

左辺が証券取引所の収益で，右辺が $\tilde{s}^n = s^n + 2f$ の二次関数になっており，凹関数なので，一段階目の取引所の手番に戻って，$\tilde{s}^n$ に関して一階条件を求める．取引所の利益を最大化するのと同値である[19]．取引所が実際にコントロールできるのは，取引所料金だけだが，この計算で求められる均衡は各プレイヤーに逸脱する誘因はないので，部分ゲーム完全均衡になる．均衡料金込みスプレッドは

$$\tilde{s}^* = \frac{\frac{2\lambda_I D}{N} + 2D\lambda_J}{\lambda_I}$$

となり，対称均衡取引料金は，

$$f^* = \frac{\left(\frac{\lambda_I}{N} + \lambda_J \right) \frac{\tilde{s}^*}{2} - \lambda_J \sigma}{2\left\{ \frac{\lambda_I}{N} \frac{\tilde{s}^*}{2} + \lambda_J \right\}}$$

ただし，取引料金は負にはならないので，

$$D \geq \frac{\lambda_I \lambda_J \sigma}{\left(\frac{\lambda_I}{N} + \lambda_J \right)^2}$$

---

[19]この解き方は Baldauf and Mollner（2017）と同じである．この解き方を思いつく際に佐藤進氏（東京大学）との議論が大変参考になった．

の仮定のもとで，上に書いた内点解が出てくる．この仮定を満たさないときは，摩擦のないケースの解 $s^* = \frac{2\sigma\lambda_J}{\frac{\lambda_I}{N}+\lambda_J}$, $f=0$ が均衡になる．以上の議論を纏めると，

定理 12（サロップ型の取引料金込みビッドアスクスプレッド）．

$$D \geq \frac{\lambda_I \lambda_J \sigma}{\left(\frac{\lambda_I}{N}+\lambda_J\right)^2}$$

のとき サロップ型の取引料金込み均衡スプレッド $\tilde{s}^* = \frac{\frac{2\lambda_I D}{N}+2D\lambda_J}{\lambda_I}$ は

- 取引所の数 N に対して減少関数
- 価格変化の頻度 λ_J の増加関数
- 投資家の到来頻度 λ_I の減少関数
- 摩擦の程度 D の増加関数

λ_J, λ_I に関しては前の摩擦無しのケースと同じである．しかし，取引所の数が増えると，摩擦無しケースと異なり，ビッドアスクスプレッドが減少する．これは各証券所に市場支配力が存在するため，取引所の数が増えると競争が働いて取引料金が下がるからである．摩擦 D に関しては，摩擦が大きいと，隣の取引所に行くコストが大きくなるので，市場支配力が強くなり，コストの増加要因になるからであると，解釈できる．

2.5　製品差別化のあるベルトラン競争

前節までのモデルでは証券取引所が独占の場合を分析できない．仮定から，いくらでも大きい取引料金でも取引が起こるように設定して

いて，取引所の収益が無限になってしまうからである．本節では，独占も許すように，前節とは異なる競争を考えてみる．ある市場の投資家の到来頻度が，自分の取引所の取引料金込みスプレッドの減少関数，競争相手の取引所の取引料金込みスプレッドの増加関数になるような以下のような，単純な線形の関数を考えてみる．

$$\lambda_I^n = \frac{\lambda_I}{N} - a\tilde{s}^n + b\sum_{i \neq n}^{N} \tilde{s}^i, a > 0, b > 0$$

この関数の解釈は以下の通りである．まず，社会全体の投資家の取引需要を N 社で分割する．$a > 0$ が自分の市場の取引料金込みビッドアスクスプレッドで，大きいほど，その市場で取引するコストが高いので，投資家はその市場での取引を避ける．一方，他の市場の取引コストが高いと，相手市場から取引需要を奪えるという効果は b で表記されている．ただし，取引所の数が増えると全体の需要が増えるようなケースを避けるため，$a \geq b(N-1)$ を仮定する．λ_J は各市場で共通で，全米市場システムのような取引転送ルールはないものとする．

このときの，取引業者のゼロ利潤条件は，前節と同様に考えて，

$$\lambda_I^n \left(\frac{\tilde{s}^n}{2} - 2f^n\right) - \lambda_J^n \left(\sigma - \frac{\tilde{s}^n}{2} + 2f^n\right)\frac{L^n - 1}{L^n} = 0$$

$$\lambda_J^n \left(\sigma - \frac{\tilde{s}^n}{2} + 2f^n\right)\frac{1}{L^n} = 0$$

最初の式は LP のゼロ利潤条件で，二つ目の式は SQS のゼロ利潤条件である．$C_{speed} = 0$ と仮定したので，上の式が成り立つには $L^n = \infty$，$\frac{L^n-1}{L^n} = 1$ 及び $\frac{1}{L^n} = 0$ が必要になる．このとき，ゼロ利潤条件は

$$\lambda_I^n \left(\frac{\tilde{s}^n}{2} - 2f^n\right) = \lambda_J^n \left(\sigma - \frac{\tilde{s}^n}{2} + 2f^n\right)$$

に要約される．式を変形すると，

$$\lambda_I^n \frac{\tilde{s}^n}{2} - \lambda_J^n \left(\sigma - \frac{\tilde{s}^n}{2}\right) = 2f^n\left(\lambda_I^n + \lambda_J\right)$$

になり，左辺が取引料金込みのスプレッドの凹関数で，二次関数，右辺が取引所の収益になる．よって，左辺

$$\left(\frac{\lambda_I}{N} - a\tilde{s}^n + b\sum_{i \neq n}^{N}\tilde{s}^i + \lambda_J\right)\frac{\tilde{s}^n}{2} - \lambda_J \sigma$$

を $\tilde{s}^n$ について，一階条件をとると，

$$\left(\frac{\lambda_I}{N} - a\tilde{s}^n + b\sum_{i \neq n}^{N}\tilde{s}^i + \lambda_J\right)\frac{1}{2} - a\frac{\tilde{s}^n}{2} = 0$$

となり，対称性を仮定すると，均衡取引料金込みスプレッド

$$\tilde{s}^* = \frac{\frac{\lambda_I}{N} + \lambda_J}{2a - b(N-1)}$$

を得る．これも，各プレイヤーには逸脱のインセンティブはない．ただし，取引料金が負にならないために，

$$f^n = \frac{\tilde{s}^*}{4} - \frac{1}{2}\frac{\lambda_J \sigma}{\frac{\lambda_I}{N} + \lambda_J} \geq 0$$

の仮定を置く．これが満たされないときは，$f=0$ になり，スプレッドはゼロ利潤条件 $\lambda_I^n\left(\frac{s^n}{2} - 2f^n\right) = \lambda_J^n\left(\sigma - \frac{s^n}{2} + 2f^n\right)$ の非負の最小の解になる[20]．纏めると，

---

[20] このケースについては後で詳しく述べる．

定理 13（製品差別化のあるベルトラン競争下の取引料金込みビッドアスクスプレッド）.
製品差別化のあるベルトラン競争下の均衡取引料金込みビッドアスクスプレッド $\tilde{s}^* = \frac{\frac{\lambda_I}{N} + \lambda_J}{2a - b(N-1)}$ は

- λ_I に対して増加関数
- λ_J に対して増加関数
- b に対して増加関数
- a に対して減少関数
- $b \geq \frac{\lambda_I}{\lambda_I N + \lambda_J N^2}$ のとき，N に対して弱い増加関数
- $b < \frac{\lambda_I}{\lambda_I N + \lambda_J N^2}$ のとき，N に対して減少関数

この比較静学の直観的な説明は以下の通りである．λ_I は投資家の取引需要が大きいということなので，高いスプレッドを取る余力があるということである．λ_J に関しては摩擦無しケースおよびサロップ型の摩擦の時と同様で，裁定取引の機会が大きくなると，ゼロ利潤条件を満たすためにビッドアスクスプレッドが大きくなる．b はマーケットの移動の程度を表し，コストの増加に関してどれほど他の市場に投資家が流れるかを示している．b が大きいと他の市場から需要が流れるため，その市場の λ_I^N が大きくなって，取引料金込みスプレッドを上げる余地があるからである．a に関しては，自分の市場の取引コストである取引料金込みスプレッドが上がることに反応する程度を指し，a が大きいと，自分の市場で取引する投資家が減るので，それを避けるために取引料金込みスプレッドが小さくなる．N に関する効果は複雑である．$b \geq \frac{\lambda_I}{\lambda_I N + \lambda_J N^2}$ というのは，市場間移動の度合が大きい時で，摩擦が小さいと考えられる．摩擦が小さい場合は，市場は十分競争的

であると考えられる．摩擦がないケースの証券取引所の数 N に関する比較静学の結果は，ビッドアスクスプレッドが N に対して増加関数であったことを考えると，b が十分大きいときは，N の増加は投資家の取引需要を分けて，LPはゼロ利潤条件を満たすために，取引料金込みスプレッドを大きくする効果が大きいのだと考えられる．b が小さい，$b < \frac{\lambda_I}{\lambda_I N + \lambda_J N^2}$ のケースは N が増えることによって，取引料金込みスプレッドが下がる効果が大きいと考えられる．

2.6　日経225先物の実証分析

　取引所の数とスプレッドの関係は，理論では仮定によって変わってくるので，実際の市場ではどのようになっているか，実証を行う必要がある．幸い，シンガポール取引所が2014年4月1日の日本時間17時から20時32分[21]，11月5日の日本時間15時18分から20時[22] にシステムダウンが起きている．システムダウンは外生的に取引所の数が減っていることを示している．日本取引所の総合企画部の方々にインタビューしたところ，日経225先物は高頻度取引業者の裁定取引の対象となっているとの説明を受けた．実際BCSの論文では現物と先物のデータを見せて，その可能性を示唆している．日本の研究では森保(2015)が日経225先物の高頻度取引の影響の分析を行っている．日本では大阪取引所で，日経225先物にはminiとlargeの二種類が取引され，海外ではシカゴとシンガポールでそれぞれ円建てのみ，円建てドル建て両方で取引されている．日経225先物miniは，呼値が5円で最低取引単位が100単位であり，日経225先物largeは，呼値が10円で最低取引単位は1000単位である．一方海外市場は呼値が5円で，最低取引単位は500単位である．日本取引所によると，この日経225先物

---

[21] https://www.rakuten-sec.co.jp/web/company/failure/archive_outside.html より．

[22] http://www.sgx.com/wps/wcm/connect/sgx_en/home/higlights/news_releases/SGX-provides-further-details-following-Wednesdays-market-disruption より．

Figure 1 　日経 225 先物 mini（大阪）と Nikkei 225 futures (SGX) の月別取引量

取引のシェアを巡って，シンガポール取引所(SGX)と主に競争している．シンガポールのシステムダウンは取引所の数の減少を意味しているので，そのときのビッドアスクスプレッドがどのくらい落ち込んでいるかを調べれば，理論の検証ができる．

　2014 年の大阪の開場時間（日本時間）は，昼間立会が午前 9 時から午後 3 時 10 分で，夜間立会が午後 4 時半から午前 2 時 55 分であり，午後 3 時にクロージングセッションである．一方 SGX は昼間立会（日本時間）が 8 時 45 分から午前 3 時半で，夜間立会（日本時間）が 4 時 15 分から午前 3 時である．つまり，大阪取引所で取引されているときは，SGX でも取引されている．つまり，SGX のシステムダウンは文字通り取引所の数が一つ減っていることを意味している．呼値を揃えるため，日経 225mini 先物のデータを使用して以下の回帰を行った．そのデータはミリ秒単位[23]である．ただしサンプルは夜間立会に限定した．SGX のシステムダウンは，大阪の夜間立会にのみ起こっているた

---

　[23]ただし，等間隔ではない質の低いデータである．データの記載は注文のあった時点であると思われる．このデータには最良ビッドの価格数量，最良アスクの価格数量が記録されている．

めである．

$$S_{t,Osaka} = \beta_0 + \beta_1 Dummy(down)_t + \sum_{i=1}^{300} \alpha_i Dummy(t \in Day = i)$$

$S_{t,Osaka}$ は時点 t でのビッドアスクスプレッドで，日付ダミーとシステムダウンダミーを入れた．また日付ダミーがない回帰も行った．システムダウン時，つまり取引所の数が減っているとき，ビッドアスクスプレッドが有意に小さくなっていることが分かった．ちなみに大阪取引所の取引料金は自己取引が一単位当たり 7 円で，SGX は 0 円である[24]．サロップ型の摩擦の下では，摩擦 D が大きいと取引所の数の増加がビッドアスクスプレッドの減少につながる．製品差別化のあるベルトラン競争の理論分析では，b が小さいケースにおいて，取引所の数の増加がビッドアスクスプレッドの減少につながる．前者のケースにおいては，シンガポールと大阪の距離が離れており，摩擦が大きいため，大阪で取引する投資家はわざわざシンガポールで取引を行わないし，シンガポールで取引する投資家は大阪でわざわざ取引を行わないと解釈できる．後者のケースの場合は，大阪取引所は興味深い報告書[25] を出している．この話は日本取引所の方にインタビューした際にもされたのだが，大阪取引所は日経 225mini を導入する際に最低取引単位を，シンガポールの 500 単位に合わせるのではなく，100 単位にした，という．これはシンガポールと大阪は全く同じ日経 225 先物を扱っており，完全に同じ取引制度だと顧客を激しく取り合ってしまう．そのため，製品差別化を行って，競争を避けようとした．b が小さいケースは競争相手の取引コストが上がっても自分の市場のシェアが上

---

[24]SGX の取引料金については Bliss Chang 氏に教えて頂いた．0 円というのは意外だが，清算手数料が収益源のようである．

[25]https://www.jpx.co.jp/derivatives/futures-options-report/archives/tvdivq0000002dw3-att/rerk070702.pdf

spread	係数	標準誤差	t値	P値	95％信頼区間	
down	0.86475	0.027209	31.78	0	0.8114224	0.9180784
constant	5.539181	0.000755	7341.74	0	5.537702	5.54066

Figure 2　日付ダミーなし

daydummy						
spread	係数	標準誤差	t値	P値	95％信頼区間	
down	0.320754	0.030694	10.45	0	0.2605953	0.3809129
constant	6.384122	0.040346	158.24	0	6.305046	6.463198

Figure 3　日付ダミーあり

がらないので，製品差別化が大きいケースであると考えられる．従って，今回の実証結果は奇しくも大阪取引所の戦略が成功していることを間接的に示唆していると考えられる[26]．

2.7　$C_{speed} > 0$ のときの余剰分析

本節までは分析を簡単にするために，$C_{speed} = 0$ を仮定していたが，それでは高頻度取引に伴う余剰損失が捉えられないので，本節では，$C_{speed} > 0$ を仮定する．しかし，取引所の定める取引料金の項 f を残しておくと解析解が求まらないので，本節では取引所はプレイヤーとしてではなく，取引をする場所と見なして，戦略変数 f はないものと考える．最初の取引所の手番がなくなるので，均衡概念はナッシュ均衡とする．

---

[26]実際システムダウンしているからと言って取引料金制度を変えられるわけではない．また対称性は現実では成り立っていない．

2.7.1　摩擦がないとき

2.3 節の設定を考える．摩擦がないときの，LP と SQS のゼロ利潤条件は

$$\lambda_I^n \frac{s^n}{2} - \lambda_J^n \left(\sigma - \frac{s^n}{2}\right)\frac{L^n-1}{L^n} = C_{speed}$$

$$\lambda_J^n \left(\sigma - \frac{s^n}{2}\right)\frac{1}{L^n} = C_{speed}$$

この 2 式を連立すると，

$$\lambda_I^n \frac{s^n}{2} = L^{n*} C_{speed}$$

対称均衡を仮定して，$\lambda_I^n = \frac{\lambda_I}{N}, \lambda_J^n = \lambda_J$ とすると，均衡スプレッドおよび高頻度取引技術に投資することに伴う余剰損失 (Loss) は

$$s^* = \frac{2\sigma \lambda_J}{\frac{\lambda_I}{N} + \lambda_J}$$

$$Loss = NL^{n*}C_{speed} = \frac{\lambda_I \lambda_J \sigma}{\frac{\lambda_I}{N} + \lambda_J}$$

となる．この結果はスプレッドおよび余剰損失が取引所が増えるごとに増加することを示している．取引所の数が増えると，各市場で投資家の取引需要を奪い合う形になり，LP のゼロ利潤条件からスプレッドを上げる必要がある．故に取引所が増えることは余剰に悪影響を与える．注意したいのは，もしバッチオークションを採用している取引所が存在すれば，その取引所のスプレッドはゼロで，取引需要および，裁定取引の発注は全てバッチオークションを採用している取引所で行われるということである．従って，BCS モデルを，摩擦無し競争のモデルに直接拡張したときに，バッチオークションは現在主流の連続指値取引を駆逐する可能性がある．

2.7.2 サロップ型の摩擦のとき

設定は 2.4 節とほぼ同じで，取引料金の項がないだけである．取引所 n は以下の式を満たす x 以内の距離にいる投資家と取引を行う．

$$\frac{s^n}{2} + Dx \leq \frac{s^{n+1}}{2} + D\left|\frac{1}{N} - x\right|$$

$$\frac{s^n}{2} + Dx \leq \frac{s^{n-1}}{2} + D\left|\frac{1}{N} - x\right|$$

これは $s_{n-1} = s_{n+1} = \bar{s}$ という対称均衡を考えていて，各市場では

$$2x = \frac{\bar{s} - s^n + \frac{2D}{N}}{2D}$$

の割合の投資家の取引が行われる．したがって，取引業者の LP，SQS のゼロ利潤条件は

$$\lambda_I \frac{\bar{s} - s^n + \frac{2D}{N}}{2D}\left(\frac{s^n}{2}\right) - \lambda_J\left(\sigma - \frac{s^n}{2}\right)\frac{L^n - 1}{L^n} = C_{speed}$$

$$\left(\sigma - \frac{s^n}{2}\right)\frac{1}{L^n} = C_{speed}$$

対称均衡を考えたときの高頻度取引に勝つための投資から来る余剰損失は，

$$NL^{n*}C_{speed} = N\lambda_I^n\left(\frac{s^*}{2}\right) = \frac{\lambda_I \lambda_J \sigma}{\frac{\lambda_J}{N} + \lambda_J}$$

サロップ型の摩擦から来る余剰損失は $\frac{\lambda_I D}{2N}$ である．したがって，サロップ型の摩擦から来る余剰損失は取引所の数が増えると，減る．また，スプレッドは摩擦無しのケースと同じであることに注意されたい．したがって，トータルの余剰損失は

$$\frac{\lambda_I \lambda_J \sigma}{\frac{\lambda_J}{N} + \lambda_J} + \frac{\lambda_I D}{2N}$$

となり，

$$\frac{2N^2\lambda_J\sigma}{\lambda_I} \geq D$$

のとき，つまり，サロップ型の摩擦が十分小さいときは余剰損失は取引所の数 N に関して増加関数である．逆にサロップ型の摩擦が大きい時は取引所が多いことから来る摩擦の削減の効果が，高頻度取引技術への投資に由来する余剰損失の効果を上回る．

2.7.3 製品差別化のあるベルトラン競争

設定は 2.5 節とほぼ同じで，取引料金の項がないだけである．取引業者の LP と SQS のゼロ利潤条件はそれぞれ

$$\lambda_I^n\left(\frac{s^n}{2}\right) - \lambda_J\left(\sigma - \frac{s^n}{2}\right)\frac{L^n-1}{L^n} = C_{speed}$$

$$\lambda_J\left(\sigma - \frac{s^n}{2}\right)\frac{1}{L^n} = C_{speed}$$

となり，これを連立して，

$$\left(\frac{\lambda_I}{N} - as^n + b\sum_{i\neq n}^{N} s^i\right)\left(\frac{s^n}{2}\right) = \lambda_J\left(\sigma - \frac{s^n}{2}\right)$$

背後に LP になるための取引業者間の競争があるので，この式の解のうち，小さい正のスプレッドを均衡解と仮定すると，

$$s^n = \frac{\frac{1}{2}\left(\frac{\lambda_I}{N} + b\sum_{i\neq n}^{N} s^i + \lambda_J\right) - \sqrt{\left(\frac{1}{2}\left(\frac{\lambda_I}{N} + b\sum_{i\neq n}^{N} s^i + \lambda_J\right)\right)^2 - 2a\lambda_J\sigma}}{a}$$

ちなみにこの式において，バッチオークションを採用している取引所との競争をモデル化するには s^i に 0 を代入すればよい．ただし解は非常に複雑になり，比較静学はかなり難しくなる．更に，対称性を仮定

すると，

$$s^* = \frac{a\left[\frac{\lambda_I}{N}+\lambda_J\right] - \sqrt{a^2\left[\frac{\lambda_I}{N}+\lambda_J\right]^2 - 8a\lambda_J\sigma\left[a^2-ab(N-1)\right]}}{2[a^2-ab(N-1)]}$$

という解[27]を得る．この解を得る際に $\left(\frac{1}{2}\left(\frac{\lambda_I}{N}+b\sum_{i\neq n}^{N}s^*+\lambda_J\right)\right)^2 - 2a\lambda_J\sigma$ が正であることを仮定した．

この解の下での余剰は

$$E[v]\{\lambda_I + Ns^*[(N-1)b-a]\} - N\lambda_I^{n*}\frac{s^*}{2}$$
$$= \{\lambda_I + Ns^*[(N-1)b-a]\}\left[E[v] - \frac{s^*}{2}\right]$$

となる．解 s^* の形が複雑なので，比較静学を解析的に行うのは難しいので，数値シミュレーションを行う．これまで出てきたパラメータの制約に注意して，例えば，$\lambda_I = 100, \lambda_J = 1, a = 20, b = 1, \sigma = 1$, and $E[v] = 100$ という設定で比較静学を行うとビッドアスクスプレッドと取引所の数の関係および，余剰と取引所の数の関係は次のようになる．取引所の数が増えることで，社会全体の需要が増加する事を避けるために，$a > b(N-1)$ を仮定しているので，取引所の数は 1 から 20 の間で変化させている．ビッドアスクスプレッドに関しては単調に減少している一方で，余剰に関してはU字型になっている．これは余剰がビッドアスクスプレッドの二次関数になっていることに起因している．これは取引所の数はある程度沢山ないと，余剰を下げることを意味している．他の数値でもシミュレーションをしてみたが，ビッドアスクスプレッドは取引所の数に関して単調に増加，もしくは単調に減少するが，余剰に関してはU字型の関係が崩れなかった．これは取引所の数

---

[27] この解が 2.5 節において，$f = 0$ をが均衡解として出てくるときの均衡スプレッドである．

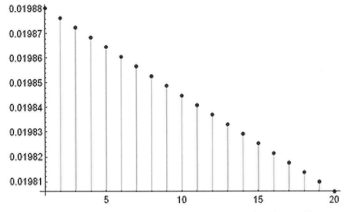

Figure 4　ビッドアスクスプレッドと取引所の数の関係
（縦軸がビッドアスクスプレッドで，横軸が取引所の数）

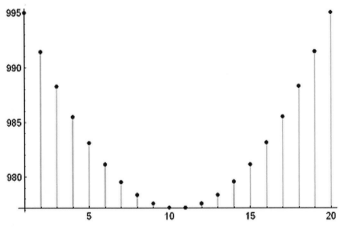

Figure 5　余剰と取引所の数の関係（縦軸が余剰で，横軸が取引所の数）

の増減によって，ビッドアスクススプレッドが小さくなっても，余剰が改善しているとは限らないことを示している．ビッドアスクスプレッドはマーケットの質の代理指標として，適切ではない可能性がある．

3 終わりに

　本書では高頻度取引のモデルの一つであるBCSモデルを紹介し，それを複数の取引所間の競争へと拡張した筆者の研究を紹介した．取引所の数とビッドアスクスプレッド，および余剰との関係は摩擦の入れ方によって変わり得ることを示した．

　まず摩擦無しのケースでは取引所の数が増えると，ビッドアスクスプレッドが増加すると考えられる．アメリカのように多くの取引所が存在する国では，取引所の新規参入に伴うビッドアスクスプレッドの増加は深刻である可能性がある．また，アメリカは全米市場システムによって，取引における摩擦がないと考えられる．

　サロップ型の摩擦では取引所の数とビッドアスクスプレッドの関係は摩擦の大きさ D に依存した．また，製品差別化のあるベルトラン競争では製品差別化の度合 b に依存した．日経225先物市場におけるシステムダウンを用いた実証では，取引所の数の増加は，ビッドアスクスプレッドの減少を示すことが分かり，ある種取引コストは競争によって軽減されている可能性があることが分かった．

　しかし，高頻度取引に伴うコストも入れた余剰分析を行うと，製品差別化のあるベルトラン競争下では取引所の数とビッドアスクスプレッドの関係は単調ではなかった．これはビッドアスクスプレッドそのものを見ても，証券市場の質を図ることは難しいことを示唆しており，筆者自身の実証分析や既存の実証分析に対して警鐘を鳴らすものである．

　最後に，本研究はかなり強い仮定の下で，分析を行った．従って，理論分析において均衡解を出すために，直観的には解釈しがたいパラメータの仮定を多く置いた．関数形や確率過程に依存しないような研究を行うことが将来への課題である．また，実証研究においても，本来は大阪でのみ取引が行われている金融商品のデータをコントロール群とし

て，差の差分析を行うべきところ，種々の事情により断念した．また，採用したデータが非等間隔データであったため，各時点におけるシンガポール市場と大阪取引所の関係を調べることも困難であった．シンガポール市場や日本取引所は過去何度かシステムダウンを起こしており，また，新規 PTS の参入など，取引所の数の増減イベントは他にも何回か存在する．こうしたデータを用いて，日本市場における市場分断の是非を，将来的にはより問うていくべきである．

参考文献

Baldauf, Markus, and Joshua Mollner. 2017a. *"High-Frequency Trading and Market Performance."* Mimeo.

Baldauf, Markus, and Joshua Mollner. 2017b. *"Trading in Fragmented Markets."* Mimeo.

Budish, Eric, Peter Cramton, and John Shim. 2014. *"Implementation Details for Frequent Batch Auctions: Slowing Down Markets to the Blink of an Eye."* American Economic Review papers and proceedings, 104(5): 418–424.

Budish, Eric, Peter Cramton, and John Shim. 2015. *"The High-Frequency Trading Arms Race: Frequent Batch Auctions as a Market Design Response."* The Quarterly Journal of Economics, 130(4): 1547–1621.

Budish, Eric, Robin Lee, and John Shim. 2017. *"Will the Market Fix the Market?"* mimeo.

Glosten Lawrence R., and Paul Milgrom 1985. *"Bid, ask and transaction prices in a specialist market with heterogeneously informed traders."* Journal of Financial Economics, 14(1): 71–100.

Haas, Marlene, and Marius Zoican. 2016. *"Beyond the Frequency Wall: Speed and Liquidity on Batch Auction Markets."* Mimeo.

Ho, Thomas and Hans R. Stoll 1981 *"Optimal dealer pricing under transactions and return uncertainty."* Journal of Financial Economics, 9(1): 47–73

Kyle, Albert 1985. *"Continuous Auctions and Insider Trading"* Econometrica, 53(6): 1315–1335.

Lewis, Michael. 2014. *Flash Boys: A Wall Street Revolt.* New York: Norton.

Milgrom, Paul and Nancy Stokey. 1982. *"Information, trade and common *knowledge*." Journal of Economics Theory, 26(1): 17–27.

O'hara, Maureen. 1998. "*Market Micro Structure Theory*," Blackwell Publishers.

O'Hara, Maureen, and Mao Ye. 2011. "*Is market fragmentation harming market quality?*" Journal of Financial Economics, 100(3): 459–474.

太田珠美（２０１４）「日米株式市場の相違点」https://www.dir.co.jp/report/research/capital-mkt/securities/20140728_008797.html

松島斉（2018）「ゲーム理論はアート」日本評論社

https://www.jpx.co.jp/derivatives/futures-options-report/archives/nlsgeu000000s9f6-att/rerk1505.pdf

https://www.jpx.co.jp/derivatives/futures-options-report/archives/tvdivq0000002dw3-att/rerk0707_02.pdf

https://www.rakuten-sec.co.jp/web/company/failure/archive_outside.html

https://www.tickdata.com/

https://twitter.com/search?q=from%3ASGX%20since%3A2014-03-10%20until%3A2014-12-31%5D&src=typd

著者紹介

東　和志

2016年　東京大学経済学部経済学科卒業
2018年　東京大学大学院経済学研究科修士課程修了
2019年8月より　ペンシルバニア州立大学進学予定
　　　元・三菱経済研究所研究員

高頻度取引と市場間競争

2019年8月15日　発行

定価　本体1,000円＋税

著　者　　東（ヒガシ）　和（カズ）志（ユキ）

発行所　　公益財団法人　三菱経済研究所
　　　　　東京都文京区湯島4-10-14
　　　　　〒113-0034 電話(03)5802-8670

印刷所　　株式会社　国際文献社
　　　　　東京都新宿区山吹町332-6
　　　　　〒162-0801 電話(03)6824-9362

ISBN 978-4-943852-70-4